LUDWIG RAISER

Die Zukunft des Privatrechts

SCHRIFTENREIHE
DER JURISTISCHEN GESELLSCHAFT e.V.
BERLIN

Heft 43

W
DE
G

1971

DE GRUYTER · BERLIN · NEW YORK

Die Zukunft des Privatrechts

Von

D. Dr. Dr. h. c. Ludwig Raiser
o. Professor an der Universität Tübingen

Vortrag
gehalten vor der
Berliner Juristischen Gesellschaft
am 21. April 1971

W
DE
G

1971

DE GRUYTER · BERLIN · NEW YORK

ISBN 3 11 003956 7

Vorwort

Die hier vorgelegte Schrift ist aus einem Vortrag hervorgegangen, den ich am 21. April 1971 vor der Juristischen Gesellschaft in Berlin gehalten habe. Die Leitgedanken sind unverändert, doch hielt ich es bei kritischer Prüfung für notwendig, das Vorgetragene in mehrfacher Hinsicht zu verdeutlichen und zu vertiefen. Den Anmerkungsteil habe ich bewußt auf wenige erklärende oder weiterführende Hinweise beschränkt.

Tübingen, im August 1971

Das Thema dieser Schrift bedarf gleich zu Beginn genauerer Bestimmung, damit es nicht falsche Erwartungen erweckt. Prognosen und Utopien, wie sie heute den empirischen und theoretischen Sozialwissenschaften abverlangt werden, gehören schwerlich zum Geschäft des Juristen. Rechtliche Ordnungen für einstweilen noch imaginäre Situationen und Bedürfniskonstellationen zu entwerfen, wäre nutzloses Gedankenspiel. Der nicht bloß bewahrende, sondern schöpferische Beitrag des Rechts zum sozialen Wandel kann sich entfalten, wenn neue Ziele durch politische Entscheidung gesteckt sind und es nun gilt, zwischen rivalisierenden Kräften und Interessen den Weg zu ihrer Verwirklichung zu finden. Über die Zukunft des Privatrechts zu reden kann also im wissenschaftlichen Gespräch nicht heißen, Vermutungen darüber anzustellen, ob im nächsten Jahrhundert das goldene Zeitalter einer staats- und herrschaftsfreien Privatrechtsgesellschaft anbrechen oder das Privatrecht in einem totalen Zwangsstaat untergehen wird. Ich sehe eine bescheidenere, aber vielleicht dringlichere Aufgabe darin, die Rolle des Privatrechts angesichts der seit dem 2. Weltkrieg eingetretenen und weiterhin sich abzeichnenden Veränderungen im politischen und gesellschaftlichen Gefüge der Bundesrepublik zu überdenken. Dabei beabsichtige ich nicht, dem schon mehrfach beschriebenen Funktionswandel einzelner Rechtsinstitute des Privatrechts nachzugehen[1]. Vielmehr soll uns die hinter solchen Beobachtungen auftauchende Frage beschäftigen, ob sich das traditionelle Bild des Privatrechts als eines in sich geschlossenen Teilsystems unserer Rechtsordnung aufrechterhalten läßt, und wenn das verneint werden muß, welcher Platz nunmehr den Rechtsprinzipien und Rechtsinstituten, die wir herkömmlich dem Privatrecht zuweisen, im Gesamtsystem unserer Rechtsordnung zukommt.

I

Der Begriff des Privatrechts, den wir dieser Untersuchung zugrundelegen, soll vorderhand so verstanden werden, wie wir ihn in unserem für Lehrzwecke entwickelten, durch die Gesetzgebung bestätigten wissenschaftlichen System bis heute

---

[1] Besonders lehrreich ist die Darstellung eines solchen Funktionswandels, die W. *Friedmann* für das anglo-amerikanische Recht gegeben hat: Law in a changing society (1959); deutsch: Recht und sozialer Wandel (mit einer Einleitung von *Sp. Simitis* [1968]).

gebrauchen. Er umfaßt rein äußerlich die im BGB und HGB
nebst einer Anzahl ergänzender Spezialgesetze geordneten
Materien des Bürgerlichen Rechts, des Handels- und Gesell-
schaftsrechts, des Privatversicherungs-, Bank- und Transport-
rechts, des Urheberrechts und des Rechts des gewerblichen
Rechtsschutzes. Inhaltlich wird das Privatrecht von einer
Anzahl „klassischer" Leitprinzipien und der von diesen Prinzipien geprägten Rechtsinstitute bestimmt, um die sich ein weiterer, nicht scharf abzugrenzender Kranz von Rechtsgrundsätzen
und Rechtsinstituten legt. Zum Kernbestand des Privatrechts im
herkömmlichen Sinne gehört hiernach die Anerkennung der
Selbständigkeit und Freiheit der Einzelperson. Dem dienen die
Regeln des — im BGB etwas verkümmerten — Personenrechts
sowie des negatorischen und deliktischen Rechtsschutzes der
Person. Beschränkt, neuerdings aber auch nachdrücklich bestätigt
wird die Selbständigkeit der Person durch ihre Statusbindung in
der Familie. Dem Freiheitsprinzip zugeordnet ist die Anerkennung des Privateigentums an Sachgütern aller Art mit Freiheit
der Verwendung und Verfügung, auch im Erbgang, und mit
umfassendem Vermögensschutz und die Anerkennung ent-
sprechender Rechte an geistigen Schöpfungen. Der freien Ent-
faltung der Einzelperson dient schließlich das Prinzip der Privatautonomie, also die Möglichkeit der Selbstgestaltung von
Rechtsbeziehungen durch Verträge mit anderen Personen,
namentlich zum Austausch von Gütern und Leistungen aller
Art, und die Anerkennung freier Verbandsbildung mit einer
Ordnung der Organisation solcher Verbände.

Der innere Zusammenhang dieser Prinzipien rechtfertigt es,
von einem System des Privatrechts zu sprechen, das allerdings
nicht als geschlossenes, keiner Erweiterung fähiges, sondern nur
als offenes System verstanden werden kann[2]. Es geht, wie
Wieacker und Coing gezeigt haben, in der vom BGB kodifizier-
ten Form auf die Gedankenwelt der Aufklärung und der
Philosophie des deutschen Idealismus zurück[3]. Aber beide Auto-

---

[2] Ich folge darin der Untersuchung von C. W. *Canaris*, Systemdenken und
Systembegriff, (1969), der S. 41 ff, 46 System als „axiologische oder teleolo-
gische Ordnung allgemeiner Rechtsprinzipien" definiert. Insoweit zustimmend
auch *J. Esser*, Vorverständnis und Methodenwahl in der Rechtsfindung, 1970,
S. 94 ff. Die Folgerungen, die Canaris daraus für die Methode der Rechtsfindung zieht, können hier beiseite bleiben (kritisch dazu *Grimm*, AcP 171,
266).

ren haben auch zutreffend darauf hingewiesen, daß das Privatrecht seit dem Inkrafttreten der großen Kodifikationen eine
Reihe weiterer, von Rechtsprechung und Rechtslehre entwickel-
ter Prinzipien und Rechtsinstitute aufgenommen hat. Zwar lebt
die formale, auf Freiheit und Selbstbestimmung des Indivi-
duums gerichtete kantische Ethik bis heute in der Anerkennung
einer, wennschon mannigfach eingeschränkten Parteiautonomie
und den zentralen Rechtsbegriffen des subjektiven Rechts und
der rechtsgeschäftlichen Willenserklärung fort[4]. Sie ist sogar in
den letzten Jahrzehnten in der Ausbildung eines umfassenden
Rechtsschutzes nicht nur für das Eigentum als des die Freiheit
sichernden Herrschaftsbereichs über Sachgüter, sondern auch für
die Person selbst in Gestalt eines allgemeinen Persönlichkeitsrechts erneut als ein tragender Pfeiler unseres Privatrechts
bestätigt worden. Aber daneben hat sich, ergänzend und korrigierend, schon seit dem 1. Weltkrieg mehr und mehr der ethische
Gedanke der sozialen Gliedstellung des Einzelnen und seiner
daraus folgenden sozialen Verantwortlichkeit geltend gemacht.
Er wirkt sich aus in der Ausdehnung des Prinzips von Treu und
Glauben in seinen verschiedenen Ausprägungen auf alle Rechtsinstitute, in der Ergänzung der Willenserklärungslehre durch
das Prinzip des Vertrauensschutzes und die Erstreckung von
Vertragswirkungen auf Rechtsbeziehungen ohne volle Willens-
einigung, im Streben nach materieller Vertragsgerechtigkeit,
z. B. bei veränderter Geschäftsgrundlage, in der Beschränkung
der Privatnützigkeit des Eigentums durch die Betonung seiner
Sozialpflichtigkeit, in der Ausweitung der vertraglichen, deliktischen und aus schuldloser Gefährdung hervorgehenden Scha-
denshaftung — um nur die markantesten Beispiele zu nennen[5].

---

[3] *H. Coing,* Zur Geschichte des Privatrechtssystems (1962) S. 9 ff; Bemer-
kungen zum überkommenen Zivilrechtssystem, Festschr. f. Dölle Bd. I (1963)
S. 25 ff; *F. Wieacker,* Privatrechtsgeschichte der Neuzeit, 2. Aufl. (1967)
S. 478 ff; Das Sozialmodell der klassischen Privatrechtsbücher und die Entwicklung der modernen Gesellschaft (1953); Das bürgerliche Recht im Wandel der Gesellschaftsordnungen, DJT-Festschrift Bd. II (1960) S. 1 ff.
[4] Einen Überblick über den der Parteiautonomie heute noch verbliebenen
Spielraum gibt *H. Merz,* Privatautonomie heute — Grundsatz und Rechts-
wirklichkeit (1970). — Zur Geschichte und Funktion des subjektiven Rechts
vgl. *H. Coing,* Zur Geschichte des Privatrechtssystems (1962) S. 29 ff;
L. Raiser, Der Stand der Lehre vom subjektiven Recht im deutschen Zivilrecht, JZ 1961, 465 ff.
[5] Die eindrucksvollste Darstellung dieser Entwicklung hat *F. Wieacker*
im letzten Teil seiner Privatrechtsgeschichte der Neuzeit, S. 514 ff, gegeben.

Es ist kein Zweifel, daß sich mit diesen, hier ohne Anspruch auf Vollständigkeit angedeuteten Teilschritten eine wesentliche Änderung des Privatrechts in seinem Inhalt, auch in der Methode der Rechtsanwendung oder, allgemeiner gesprochen, in seinem „Geist" vollzogen hat. Das System hat sich, freilich um den Preis seiner inneren Geschlossenheit, als flexibel genug erwiesen, um sich stark gewandelten Anschauungen und Bedürfnissen anzupassen. So viel Anstrengung die Doktrin darauf zu wenden hat, die Ergänzung, teilweise auch Überlagerung der alten durch neue Rechtsgrundsätze zu verarbeiten, so können diese bisher angeführten Veränderungen doch ohne Zögern noch als privatrechtsimmanent in dem Sinne bezeichnet werden, daß sie den traditionellen Rahmen des Privatrechts zwar teilweise mit neuem Inhalt füllen, aber weder sprengen noch transzendieren.

Ein anderes Bild ergibt sich, wenn man das Verhältnis des Privatrechts zu anderen Teilsystemen der Gesamtrechtsordnung, speziell zum öffentlichen Recht in den Blick nimmt. Zwar bestand nie ein Zweifel daran, daß es sich von diesen anderen Teilen nicht isolieren läßt. Den Rechtsschutz der Person und ihres Vermögens erfaßt vollständig nur, wer auch die darauf bezüglichen Normen des Strafrechts, sowie des Polizei- und sonstigen Verwaltungsrechts in die Betrachtung einbezieht. Die privatrechtliche Ordnung des Sachenrechts, besonders des Bodenrechts, war schon bei Inkrafttreten des BGB nur ein Ausschnitt aus einer umfassenderen, das öffentliche Recht einschließenden, dann freilich auch sehr viel differenzierteren Regelung des Umgangs mit Sachgütern. Die Beispiele lassen sich leicht vermehren; hinzuzufügen wäre auch die unerläßliche Ergänzung des materiellen durch das Verfahrensrecht. Trotzdem hat die Privatrechtslehre lange geglaubt, an der Eigenständigkeit und Geschlossenheit des Privatrechtssystems festhalten zu dürfen. Schon seit dem 1. Weltkrieg, wesentlich verstärkt seit dem NS-Regime und, trotz der Rückkehr zu verfassungsrechtlichen Freiheitsgarantien und zu marktwirtschaftlichen Grundsätzen, seit 1945 nehmen aber unter dem Druck der sozial- und wohlfahrtsstaatlichen Tendenzen in unserem politischen Gemeinwesen die staatlichen Einwirkungs- und Kontrollrechte auch im klassischen Privatrechtsbereich so deutlich zu, daß von einem Funktionsverlust des Privatrechts, einer Schrumpfung seines Anwendungsbereichs gesprochen werden kann.

Offenkundig ist dieser Schrumpfungsprozeß bei den Ord-
nungsbereichen des Arbeits- und Wirtschaftsrechts. Sie haben
für den Gesetzgeber der Jahrhundertwende noch fraglos dem
Privatrecht zugehört, haben sich aber im Lauf der letzten
50 Jahre immer mehr zu eigenen Teilsystemen verselbständigt.
Die Loslösung vollzog sich zuerst und fast lautlos seit den 20er
Jahren im Arbeitsrecht. Das Dienstvertragsrecht des BGB war
von Anfang an nicht dazu geeignet gewesen, die Arbeitsverhält-
nisse von Millionen von Arbeitnehmern angemessen zu ordnen,
auch wenn das öffentliche Recht mit dem Arbeitsschutzrecht und
dem Sozialversicherungsrecht dem klassischen Privatrecht zu
Hilfe kam. Die Herstellung der Koalitionsfreiheit 1918 und
die Entwicklung des kollektiven Arbeitsrechts und des Betriebs-
verfassungs- und Mitbestimmungsrechts haben dann das
Arbeitsrecht so deutlich auf eine vom klassischen Privatrecht
abweichende Grundlage gestellt, daß an der Eigenständigkeit
dieses Ordnungsbereichs, ungeachtet mancher Zwischenformen
und vieler, für beide Seiten fruchtbarer Querverbindungen,
heute kein Zweifel mehr bestehen kann[6].
Schwieriger liegen die Dinge beim Wirtschaftsrecht, das dem
Gegenstand nach weniger klare Konturen aufweist als das
Arbeitsrecht und sich schon darum dem Zugriff des Systemati-
kers leicht entzieht. Bis in die neueste Zeit wird von manchen
Autoren vorgeschlagen, seinen Gegenstand auf die Rechtsformen
staatlicher Einwirkung auf den Wirtschaftsablauf zu beschrän-
ken, so daß es systematisch dem Verwaltungsrecht anzugliedern
wäre[7]. Indessen wird dieser Vorschlag der in der Bundesrepublik, ungeachtet der Zunahme gewisser Planungselemente, maß-
gebenden marktwirtschaftlichen Ordnung nicht gerecht. Denn
die Initiative zum wirtschaftlichen Handeln und die moto-
rische Antriebskraft liegt in diesem System ja nicht beim Staat,
sondern bei den Wirtschaftssubjekten, also den Unternehmen
und den Haushalten als den Produktions-, Verteilungs-, Dienst-
leistungs- und Verbrauchseinheiten. Andererseits folgen die

---

[6] Die Entwicklung „Vom Arbeiterschutz zum Arbeitsrecht" ist nachgezeich-
net von *W. Herschel* in DJT-Festschrift Bd. I (1960) S. 305 ff. — Über die
verbleibenden Verbindungslinien zum Privatrecht vgl. *F. Brecher*, Das
Arbeitsrecht als Kritik des Bürgerlichen Rechts, Festschr. f. Molitor (1962)
S. 35 ff.
[7] So, in der Nachfolge des Wirtschaftsverwaltungsrechts von *E. R. Huber*
(2Bde. 1953/4), auch das (z. Zt. einzige) Lehrbuch des Wirtschaftsrechts von
G. Rink (2. Aufl. 1969).

12

wirtschaftlichen Abläufe nicht einem Naturgesetz, das sich rasch
nur als das Recht des Stärkeren erweisen würde, sondern bedürfen der rechtlichen Ordnung, in der privat- und öffentlichrechtliche Elemente zusammenwirken müssen. Zwar ist das Privatrecht auch hier voll gegenwärtig. Es stellt im Gesellschaftsrecht
die Organisationsformen für Unternehmen als Wirtschaftssubjekte bereit, billigt den Rechtsträgern als juristischen Personen
zum Schutz ihres Vermögens und ihrer Erwerbschancen die
gleichen subjektiven Rechte wie dem einzelnen Bürger zu und
ermöglicht es, das Rechtsinstitut des Vertrages nicht nur für den
Austausch von Gütern und Leistungen auf dem Markt, sondern
auch für Organisations-, Unternehmens-, Kartell- und Absatz-
lenkungsverträge zum Aufbau und zur Sicherung wirtschaftlicher Machtstellungen zu verwenden. Aber es ist offenbar den
damit gestellten Ordnungsaufgaben für sich allein auf Grund
seiner traditionellen Prinzipien nicht gewachsen. Es läuft
Gefahr, zu einem rechtstechnisch virtuos gehandhabten
Instrument in der Hand der Inhaber wirtschaftlicher Macht zu
degenerieren[8]. Aus sich selbst kann es keine zureichenden Ab-
wehrkräfte mobilisieren, um die in der Marktwirtschaft theore-
tisch vorausgesetzte wirtschaftliche Chancengleichheit der
Marktteilnehmer auch praktisch zu sichern und wirtschaftliche
Macht zu kontrollieren, wo der Wettbewerb dafür nicht aus-
reicht[9]. Eine Aufteilung des Wirtschaftsrechts in einen verwaltungsrechtlichen und einen privatrechtlichen Bereich würde also
bei aller Bereicherung, die die Rechtsformen des Verwaltungs-
und des Privatrechts durch ihre Anwendung auf Sachverhalte

---

[8] Eine höchst anschauliche Schilderung dieses Vorgangs gibt *K. Biedenkopf*,
Über das Verhältnis wirtschaftlicher Macht zum Privatrecht, Festschr. f.
F. Böhm (1965) S. 113 ff.
[9] Mit diesem Satz soll das große und bleibende Verdienst *Franz Böhms*
und seiner Schüler darum, das Privatrecht zum Kampf gegen Wirtschafts-
macht zu mobilisieren und damit aus seiner bloß instrumentalen Rolle heraus-
zuführen, nicht geschmälert und soll auch nicht Resignation gepredigt, sondern
nur festgestellt werden, daß die so mobilisierten Kräfte nicht ausreichen, um
den Kampf zu bestehen. Die Parole zieht sich durch das Lebenswerk *Franz
Böhms* von „Wettbewerb und Monopolkampf" (1933) bis zu den jüngsten
Arbeiten: Privatrechtsgesellschaft und Marktwirtschaft, Ordo XVII (1966)
S. 75 ff; Eigentum, Arbeitskraft und das Betreiben eines Unternehmens
Festschr. f. Kronstein (1967) S. 11 ff. Die Parole wird aufgenommen von
Biedenkopf aaO. und nachdrücklich von *J. Mestmäcker*, Über die normative
Kraft privatrechtlicher Verträge, JZ 1964, 441; Über das Verhältnis des
Rechts d. Wettbewerbsbeschränkungen zum Privatrecht, AcP 168 (1968)
235 ff. — Vgl. dazu auch unten Anm. 26.

des Wirtschaftslebens erfahren, auf beiden Seiten nur Fragmente
ohne zureichende Ordnungsfunktion erfassen. Das Fragment
eines Wirtschaftsprivatrechts wäre ein Störungsfaktor im Privatrechtssystem, das dieses in seinem Gerechtigkeitswert zu dis-
kreditieren drohte. Es befriedigt darum auch nicht, als Wirtschaftsrecht unter Verzicht auf ein einigendes Leitprinzip nur
ein Konglomerat aller jeweils zur Ordnung des Lebensbereichs
„Wirtschaft" bestimmten Normen zu bezeichnen[10]. Vielmehr ist
das einigende Band, das das Wirtschaftsrecht als Teilsystem
konstituiert, in der Funktion zu sehen, die diesen Normen zur
Stützung und Sicherung der jeweils (nicht bloß modellhaft kon-
zipierten, aber doch als Sinnzusammenhang, wennschon unter
Kompromissen) praktizierten Wirtschaftsordnung zukommt[11].
Das bedeutet für unsere Fragestellung, daß es sich vom Privatrecht, wie auch vom öffentlichen Recht weder ganz ablösen noch
dem einen oder anderen voll zurechnen läßt; seine Funktion
erfordert eine enge Verflechtung beider Bereiche.

Die eigentümliche Gemengelage von privatem und öffentlichem Recht, die für die Bereiche des Arbeits- und Wirtschaftsrechts charakteristisch ist, zeigt sich schließlich auch im Bereich
der sogen. Leistungsverwaltung der öffentlichen Hand. Für die
rechtliche Ordnung öffentlicher Unternehmen und der von ihnen
begründeten Nutzungsverhältnisse, sowie für die Gewährung
wirtschaftlicher Hilfen aller Art aus öffentlichen Mitteln an
Private, also für Subventionen, Kredite, Bürgschaften u. dergl.
können sich Staat oder Gemeinden in weitem Umfang ebenso
wohl Rechtsformen des privaten wie des öffentlichen Rechts
zunutze machen. Man hat das so für staatliche oder kommunale
Zwecke in Dienst genommene Privatrecht ein „Verwaltungspri-

---

[10] So die, im Grunde auf systematische Einheit verzichtende Auffassung
von *F. Rittner*, Art. Wirtschaftsrecht im Staatslexikon Bd. VIII (1963)
S. 818 ff.; auch *R. Wiethölter*, Die Position des Wirtschaftsrechts im sozialen
Rechtsstaat, Festschr. f. Böhm (1965) S. 41 ff., 61 — Einen Überblick über
die Versuche zur Definition des Wirtschaftsrechts geben *W. Schmidt-Rimpler*,
Art. Wirtschaftsrecht im HdWB d. Soz. Wiss. Bd. XII (1965) S. 688 ff.;
ferner *W. R. Schluep*, Was ist Wirtschaftsrecht? in Festschr. f. Hug, 1968,
S. 70 ff.
[11] Dieser von mir schon früh entwickelten Auffassung (Wirtschaftsverfassung als Rechtsproblem, Festschr. f. *J. v. Gierke*, 1950 S. 181 ff.) kommt
jetzt auch die gründliche Untersuchung *Schmidt-Rimplers* aaO. im Ergebnis
nahe. Ebenso *Schluep* aaO., der Wirtschaftsrecht als „Recht der Koordina-
tion" bezeichnet und dazu (S. 94) den funktionalen Zusammenhang der
Normen betont.

vatrecht" genannt[12]. Schon dieser Name und die dahinter stehenden Überlegungen zeigen aber, daß es sich bei diesem Vorgang nicht, wie bei der schlichten Teilnahme öffentlich-rechtlicher Körperschaften am privaten Wirtschaftsverkehr, um die volle und ungeschmälerte Übernahme der Prinzipien des klassischen Privatrechts auf den Bereich der Leistungsverwaltung, sondern primär um Akte der öffentlichen Verwaltung handelt, für die sich diese nur aus Gründen der Zweckmäßigkeit rein instrumental der Rechtsformen und -institute des Privatrechts bedient. Maßstab ihrer Rechtmäßigkeit sind darum im Zweifelsfalle die für das Verwaltungshandeln geltenden Prinzipien des öffentlichen Rechts. Nur scheinbar wird hier also der Anwendungsbereich des Privatrechts einmal erweitert, statt beschnitten; es wird für privatrechtsfremde Zwecke gewissermaßen ausgeliehen und steht in Gefahr, dabei denaturiert zu werden.

II

Die Bestandsaufnahme, die wir in wenigen groben Strichen versucht haben, zeigt, daß das Privatrecht in seinem geistigen Gehalt keineswegs erstarrt ist, aber sich in seinem Anwendungsfeld, wie es scheint, auf dem Rückzug befindet. Diese Beobachtung legt die Frage nahe, ob es sich um einen irreversiblen Vorgang handelt, oder welche Funktion das Privatrecht heute und in der uns übersehbaren Zukunft zu spielen berufen sein kann.

Um darauf eine Anwort zu finden, muß noch einmal und dringlicher gefragt werden, was uns denn berechtigt, die Eigenständigkeit und inhaltliche Geschlossenheit des Privatrechts als Axiom oder Ideal vorauszusetzen, an dem der Einbruch des öffentlichen Rechts als Verfallserscheinung gemessen und verurteilt werden kann. Nähere Überlegung zeigt, daß wir in dieser Sehweise Erben einer großen Tradition sind, die wir zu respektieren haben, aber heute nicht mehr unverändert fortführen können. Wiederum müssen wenige Hinweise genügen,

---

[12] Aus der umfangreichen öffentlich-rechtlichen Literatur zu diesem Thema verweise ich auf W. *Rüfner*, Formen öffentlicher Verwaltung im Bereich der Wirtschaft (1967) S. 348 ff.; *Püttner*, Die öffentlichen Unternehmen (1969) S. 125 ff.; vgl. auch die schweizerische Untersuchung von P. R. *Müller*, Das öffentliche Gemeinwesen als Subjekt des Privatrechts (1970). Vom Boden des Privatrechts aus bleibt wichtig W. *Siebert*, Privatrecht im Bereich öffentlicher Verwaltung, Festschr. f. Niedermeyer (1953) S. 215 ff.; neuerdings auch *Emmerich*, Das Wirtschaftsrecht d. öffentlichen Unternehmen (1969).

um diesen, dem Historiker hinlänglich bekannten Sachverhalt in den Zusammenhang zu rücken, in dem er uns interessieren muß.

Eine Wurzel des hier gemeinten Verständnisses von Privatrecht liegt in der lange vorherrschenden und bis heute nachwirkenden historisierenden Denkweise der deutschen Geisteswissenschaften im ganzen und der sich voll als Geisteswissenschaft verstehenden Rechtswissenschaft im besonderen. In unseren Tagen, in denen die generalisierende und typisierende Soziologie das Denken beherrscht, fällt es schon nicht mehr ganz leicht, sich die Ausstrahlungskraft des Historismus im 19. und beginnenden 20. Jahrhundert zu vergegenwärtigen. In diesen geistesgeschichtlichen Zusammenhang gehört die historische Rechtsschule, deren unverlierbar große Leistung es war, die Kontinuität einer europäischen Privatrechtsgeschichte durch allen politischen und gesellschaftlichen Wandel, Abbruch und Neuanfang hindurch in einer mehr als 2000jährigen Entwicklung sichtbar gemacht zu haben. Savignys „Geschichte des römischen Rechts im Mittelalter", Iherings „Geist des römischen Rechts", oder an neueren Arbeiten Paul Koschakers „Europa und das römische Recht" und Franz Wieackers glänzende „Privatrechtsgeschichte der Neuzeit" sind großartige Zeugnisse dieser Arbeit, in deren Mittelpunkt durchweg, vom Verständnis des römischen Rechts her, das Privatrecht als ein in sich geschlossen gedachtes Ordnungssystem von überzeitlicher Wirkungskraft steht, während das römische Staatsrecht als zeitgebundene Schöpfung demgegenüber zurücktrat. Es ist verständlich, daß die in dieser großen Tradition erzogenen und arbeitenden Juristen die Eigenständigkeit und Geschlossenheit des Privatrechts als selbstverständlich voraussetzten.

Eine in der geistigen Grundhaltung gegenläufige, dem rationalen Naturrecht des 18. Jahrhunderts nahestehende Denkweise führte auf einem anderen Weg zum gleichen Ergebnis. Fragt man nach den dem Privatrecht zur Regelung aufgegebenen Sachproblemen, so stößt man unter viel kontingentem, zeit- und nationalgebundenem Material auf eine Schicht von Problemen, die sich überall stellen, wo Menschen in Gruppen auf Dauer zusammenleben und der rechtlichen Ordnung dieses Zusammenlebens bedürfen. Die Ordnung von Ehe und Familie, von Eigentum und Besitz an den zur Erhaltung der Existenz notwendigen

Sachgütern, von Verträgen zum Austausch von Gütern und Leistungen, von Sühneleistung oder Schadensersatz für die Verletzung fremden Lebens oder fremden Guts, das sind Aufgaben, denen sich, wennschon auf verschiedenen Stufen der Differenzierung, jede Rechtsgemeinschaft stellen muß, weil sie sich aus elementaren Bedürfnissen jeder Gesellschaft ergeben. Ihre Regelung aber macht den Kern des Privatrechts aus, der als Problembestand gleich bleibt, einerlei, ob man den historischen Wechsel und die zunehmende Komplizierung der Probleme und der dafür zu findenden Lösungen betont oder sich, wie die Theoretiker des Naturrechts, zutraut, mit den Kräften der menschlichen Vernunft allgemeingültige und zeitlose Antworten geben zu können.

Schon bei Savigny, dem Begründer der historischen Rechtsschule, und weiterhin in der Pandektistik des 19. Jahrhunderts gingen diese beiden, an sich gegensätzlichen geistigen Strömungen des Rationalismus und des Historismus eine eigentümliche Verbindung ein. Das Privatrecht wurde als gemeines Recht, also im wesentlichen auf der Grundlage des römischen Rechts, aber abweichend von der am Fall orientierten Denkweise der römischen Juristen, in ein System von Begriffen und allgemeinen Regeln gebracht. Als ein solches wissenschaftliches System von verhältnismäßig hohem Abstraktionsgrad ist es dann auch im BGB kodifiziert worden. Die Bruchstellen im System, die sich etwa zwischen dem Vermögensrecht der 3 ersten Bücher des BGB und dem Familienrecht erkennen lassen, sind nicht so störend, daß sie den Eindruck der Geschlossenheit des Gesetzgebungswerks und des von ihm gemeisterten Rechtsstoffes beeinträchtigen könnten. Um dieser Geschlossenheit willen hat der Gesetzgeber auch die Teil-Rechtsgebiete, in denen eine Verflechtung von privatem und öffentlichem Recht seit jeher bestanden und auch die Liberalisierungsmaßnahmen des 19. Jahrhunderts überdauert hatte, vor allem also das ländliche und städtische Bodenrecht nur in ihrem privatrechtlichen Aspekt und möglichst generalisierend im BGB geregelt, während der öffentlich-rechtliche Aspekt den Landesrechten überlassen blieb. Daß das schon seit der Jahrhundertmitte kodifizierte Handelsrecht, das Urheber-, Erfinder- und Warenzeichenrecht, das Versicherungsvertragsrecht und anderes in Sondergesetzen geregelt wurde, änderte am Eindruck der Geschlossenheit nichts, weil das wissenschaftliche System sich infolge der Ableitung aus den gleichen Rechtsprinzipien mühelos auch auf diese Materien erstrecken ließ.

Die Einheit des Privatrechts, wie es als Frucht der Pandektistik am Ende des 19. Jahrhunderts kodifiziert worden ist, lag aber schließlich auch begründet in den noch relativ einheitlichen ethischen und politischen Grundüberzeugungen der bürgerlichen Gesellschaftsschicht, die dieses Gesetzeswerk als die ihr gemäße Ordnung empfand. Sie entsprach ihrem liberalen Freiheits- und unternehmerischen Selbständigkeits- und Expansionsbedürfnis, ihrem Besitzindividualismus und ihren Vorstellungen von ehemännlicher und väterlicher Autorität über die Familie in dem engen, aber rechtsstaatlich gesicherten Rahmen eines konstitutionell verfaßten Beamten- und Militärstaats. Die Philosophie des deutschen Idealismus, speziell die kantische Ethik, und der wirtschaftliche Liberalismus im Geiste der englischen Klassiker stehen hinter den betont nüchternen Formulierungen dieser Gesetze. Daß Deutschland am Ende des 19. Jahrhunderts die erste Phase der Industrialisierung mit einer rasch gewachsenen Schicht von Industriearbeitern schon hinter sich hatte, wird aus BGB und HGB kaum sichtbar; das Arbeitsvertrags- und Arbeitsschutzrecht wurde in die Gewerbeordnung und die landwirtschaftlichen Gesindeordnungen, das schon im Aufbau begriffene Sozialversicherungsrecht in die RVO und die zugehörigen Spezialgesetze abgedrängt.

Die Entwicklung des öffentlichen Rechts war demgegenüber anders verlaufen. Es hatte sich, wie jüngst Bullinger gezeigt hat, seit dem 16. Jahrh. nur schrittweise und in Teilbereichen, etwa dem Verfassungsrecht, von dem gemeinsamen Stamm des Gemeinen Rechts losgelöst und verselbständigt[13]. Erst die Doktrin des 19. Jahrhunderts hat diesen Prozeß der Loslösung vollendet und die Zweiteilung der Rechtsordnung in öffentliches und Privatrecht zum Axiom erhoben. Sie folgte damit nicht nur einem Bedürfnis nach wissenschaftlicher Systematisierung, sondern stand zugleich stark unter dem Einfluß der Lehren des politischen und wirtschaftlichen Liberalismus. Das Privatrecht war dem unpolitischen Reich der Wirtschaftsgesellschaft, das öffentliche Recht der Verfassung und dem Verwaltungsapparat

---

[13] *M. Bullinger*, Öffentliches Recht und Privatrecht (1968) S. 16 ff, 30 ff., 37 ff.

des Obrigkeitsstaates zugeordnet. Über den Graben zwischen
diesen beiden Reichen führten im liberalen Rechtsstaat, dem die
Selbständigkeit der Gesellschaft gegen „Eingriffe" des Staates zu
schützen aufgegeben war, nur wenige Brücken.

Heute, nach mehr als 70 Jahren einer ungemein bewegten
politischen Geschichte läßt sich die Vorstellung von der Eigenständigkeit des Privatrechts im Sinne eines gegenüber dem
öffentlichen Recht abgedichteten Systems von liberalen Rechtsprinzipien nicht mehr aufrechterhalten. Zwar sind die großen
Kodifikationen der letzten Jahrhundertwende weiterhin in
Kraft; tiefergehende Novellierungen betreffen nur bestimmte
Teilgebiete, vor allem das Familienrecht und das Aktienrecht.
Äußerlich gesehen bewahrheitet sich also auch für diese Periode
die geschichtliche Erfahrung von der größeren Stabilität und
Kontinuität des Privatrechts im Vergleich zu dem allen poli-
tischen Schwankungen ausgesetzten öffentlichen Recht. Aber der
Schein trügt. Die politischen und wirtschaftlichen Veränderun-
gen in dieser Periode haben nicht nur die Staatsverfassung, son-
dern das ganze Gesellschaftsgefüge erfaßt und sich darum nicht
nur in dem, als gesonderte Rechtsmasse gedachten öffentlichen
Recht niedergeschlagen, sondern bis tief in den traditionell vom
Privatrecht geordneten gesellschaftlichen Bereich hineingewirkt.

Der Wechsel von der bürgerlichen und bäuerlichen zur Industriegesellschaft, der sich in diesem Zeitraum vollzogen hat, hat
auf der einen Seite die Faktoren ihrer Wirkung beraubt, die bisher hinter der Kodifikation standen und die Einheit des Privatrechts begünstigten, auf der anderen Seite neue Regelungsaufgaben gestellt, die mit den Mitteln des Privatrechts allein nicht
zu lösen sind.

Weggefallen oder jedenfalls wesentlich geschwächt ist mit
dem Abschied vom Historismus und als Folge der mehrfachen
Brüche in unserer politischen Geschichte die unbefangen fort-
wirkende Kraft rechtsgeschichtlicher Tradition. Die entlarvende
und relativierende Denkweise der Soziologie fragt schärfer und
kritischer nach der Funktion geschichtlich überkommener Rechtsinstitute. Ein weiter Abstand trennt uns auch von den ideologischen Grundlagen der Pandektistik und des aus ihr hervor-
gegangenen bürgerlichen Rechts, also der Philosophie des deutschen Idealismus und den Soziallehren des klassischen Liberalismus. Endlich ist jener Grundbestand der dem Privatrecht in

jeder Gesellschaft zur Lösung aufgegebenen Probleme zwar auch in der Industriegesellschaft noch vorhanden und der Regelung bedürftig. Aber diese unsere heutige Gesellschaft ist in ihren Lebensverhältnissen und Wirtschaftsformen wesentlich vielfältiger und komplizierter geworden. Mit den ihr eigentümlichen Machtstrukturen und inneren Spannungen, mit ihren Ansprüchen auf individuelle und gemeinsame, vom Staat zu gewährleistende und durch vielfältige Staatsleistungen zu unterhaltende Wohlfahrt und Sekurität, aber auch auf demokratische Teilhabe der Bürger an den politischen und wirtschaftlichen Entscheidungsprozessen hat sie eine Fülle neuer Regelungsaufgaben für unsere Rechtsordnung hervorgebracht, die gerade in den letzten Jahren unter dem Stichwort der „Demokratisierung" aller Lebensbereiche eine neue Richtung erhalten haben.

Es ist offensichtlich, daß das auf der Trennung von Staat und Gesellschaft beruhende Modell einer strengen Zweiteilung der Rechtsordnung in die beiden je für sich geschlossenen Systeme des öffentlichen und des Privatrechts seine Geltung als Maßstab und orientierende Verständnishilfe verloren hat, unbeschadet der Bedeutung, die der Unterscheidung nach positivem Recht, namentlich zur Abgrenzung der Zuständigkeit von ordentlichen und Verwaltungsgerichten, weiterhin zukommt. Diese kategoriale Zweiteilung ist kein zwingendes Gebot juristischer Logik, sondern, wie alle Begriffe und Systementwürfe der Rechtswissenschaft, nur der Versuch, Normenkomplexe zweckmäßig zusammenzuordnen und im Hinblick auf ihre Anwendung zu „begreifen". Sie war der geschichtlichen Lage Deutschlands im 19. und beginnenden 20. Jahrh. angemessen; sie ist es heute aus den angeführten Gründen nicht mehr.

Damit stellt sich die Frage, ob sich ein System entwerfen läßt, das der heutigen Lage der Industriegesellschaft im demokratischen Wohlfahrtsstaat besser gerecht wird, und welche Rolle in einem solchen System dem Privatrecht noch zukommt.

Bullinger hat diese Frage mit dem Vorschlag beantwortet, die Zweiteilung fallen zu lassen und die durch sie getrennten Normenkomplexe künftig zu einem „Gemeinrecht" zu verschmelzen, aus dem dann nur noch einzelne Teilordnungen, wie z. B. das Verfassungsrecht oder das Polizeirecht, mit je besonderen Prinzipien auszugliedern wären[14]. Er läßt sich bei diesem Vor-

[14] *Bullinger* aaO. S. 75 ff., 80 ff., 112 ff.

schlag stark von den praktischen Schwierigkeiten leiten, die sich
für das öffentliche Recht aus dem Bemühen ergeben, zum kon-
sequenten Ausbau seiner Eigenständigkeit eigene Rechtsformen
und Rechtsinstitute für Sachverhalte zu entwickeln, für die das
Privatrecht längst adäquate Gestaltungen ausgebildet hat. Zugleich warnt er vor einer ideologischen Verfestigung der alten
Zweiteilungslehre, die der Versuchung erliegt, das Privatrecht
als das Reich individueller Freiheit dem öffentlichen Recht als
dem Wirkungsfeld staatlicher Zwangsgewalt gegenüberzu-
stellen.

Das Gewicht von Bullingers Argumenten soll nicht geleugnet
und das Verdienst seiner gründlichen Untersuchung muß nachdrücklich anerkannt werden. Sein Vorschlag läuft im Ergebnis
auf eine Wiederanknüpfung an die Vorstellungen der gemein-
rechtlichen Doktrin der vor-liberalen und vor-idealistischen
Epoche hinaus. Er könnte sich auch auf die Ähnlichkeit mit der
Haltung der Juristen des anglo-amerikanischen Rechtskreises
berufen, für die die Einheit des common law im Gegensatz zur
Dichotomie des deutschen wie des romanischen Rechtskreises
bis heute ein nahezu selbstverständlicher Lehrsatz geblieben ist,
die freilich auch eine geringere Neigung zum Systematisieren
zeigen und in deren politischem Denken der Staat nie die Rolle
einer der Gesellschaft als selbständige, überpersönliche Einheit
gegenüberstehenden Größe eingenommen hat. Trotzdem halte
ich Bullingers Vorschlag nicht für überzeugend. Der demokratische Wohlfahrtsstaat unserer Tage muß, verglichen mit den
schwachen staatlichen Macht- und Lenkungsmitteln früherer
Jahrhunderte als wahrer Leviathan erscheinen und nimmt heute
mit seiner Bürokratie auch im Common-law-Bereich an Stärke
und Durchsetzungskraft so zu, daß er auch dort nicht mehr
zutreffend nur als parlamentarisch kontrolliertes Government
oder als die Administration eines vom Volk gewählten Präsi-
denten bezeichnet werden kann[15]. Die postulierte Einheit von

---

[15] Vgl. zu diesem wachsenden Eigengewicht des Apparats und der daraus
folgenden Notwendigkeit, ein selbständiges Verwaltungsrecht auszubilden,
Friedmann aaO. (Anm. 1) S. 321 ff., 429 ff. Das spricht auch gegen den Vorschlag, den alten Gegensatz Staat : Gesellschaft durch die Funktionsteilung
government-Gesellschaft im Rahmen des politischen Gemeinwesens zu erset-
zen, den *H. Ehmke* in seiner der Überwindung des alten Trennungsdenkens
gewidmeten Abhandlung gemacht hat: „Staat" und „Gesellschaft" als ver-
fassungstheoretisches Problem, Festschr. f. Smend (1962) S. 23 ff.

privatem und öffentlichem Recht würde unter diesen Umständen, entgegen Bullingers Intentionen, auf eine Überflutung oder Überwältigung der Prinzipien des Privatrechts, von denen eingangs die Rede war, durch die andersartigen Maximen des öffentlichen Rechts hinauslaufen.

Es wäre auch unrealistisch anzunehmen, die Unterscheidung von Staat und Gesellschaft, der die Unterscheidung von öffentlichem und Privatrecht wenigstens in den Umrissen entspricht, sei dadurch hinfällig geworden, daß der demokratische Staat sich als die Zusammenfassung seiner Bürger zu einem politischen Gemeinwesen versteht. So zutreffend mit solchen Wendungen die politisch-dynamische Komponente des Staats als eines ständigen Integrationsprozesses bezeichnet sein mag, so wenig kann auf die institutionelle Seite der zum Staat verfaßten, als Staat organisierten Gemeinschaft verzichtet werden[16]. Auch der demokratische Staat übt rechtlich geordnete Macht, also Herrschaft aus, die demokratischer Kontrolle unterliegt, aber sich nicht zur herrschaftsfreien Gesellschaft verflüchtigen kann. Und der Wohlfahrtsstaat, von dem seine Bürger in wachsendem Maße Existenzsicherung und Daseinsvorsorge erwarten, bedarf eines umfangreichen bürokratischen Apparats und einer Summe von Regeln zur sozialgerechten Verteilung seiner Leistungen. Auf der anderen Seite aber verbleibt den Bürgern neben den Rechten auf Teilhabe am Prozeß politischer Willensbildung und Kontrolle und an den Sozialleistungen des Staats ein — politisch nicht leerer und gleichgültiger, aber nicht auf den Staat bezogener — Raum eigener, einzeln oder gemeinsam auszuübender Handlungsfreiheit. Das Verlangen nach einem solchen Freiheitsraum und nach Anerkennung und Schutz einer privaten, nicht vom Staat kontrollierten Sphäre ist nach allen Beobachtungen kein bloßes Relikt aus sozialphilosophischen Anschauungen vergangener Zeiten, sondern bis heute eine starke Triebfeder individuellen und gemeinschaftlichen Handelns und politischer Forderungen in unserem Gemeinwesen. Es wird mit besonderem Nachdruck von der jungen Generation vertreten, einerlei, wie kritisch sie im übrigen in ihren verschiedenen Gruppierungen der bestehenden Ordnung gegenüberstehen mag. Ein Stück

---

[16] Es ist kaum nötig zu sagen, daß diese wenigen Sätze nur bestimmte Aspekte des heutigen Staates herausheben sollen, aber nicht den Anspruch erheben, ihn im Sinne einer Staatstheorie voll zu erklären.

dessen, was F. v. Hippel die hinter dem Privatrecht stehende „Lebensgesinnung" genannt hat[17], ist also auch heute lebendig, muß freilich mit dem ebenso dringlich geforderten Leistungssystem des Wohlfahrtsstaates einen Kompromiß eingehen, den v. Hippel vor 15 Jahren noch glaubte aufhalten zu können. Jedenfalls wird auch die industrielle Gesellschaft unserer Tage so wenig vom Staat absorbiert, wie er die Gesellschaft zu absorbieren vermag; beide haben ihr je eigenes politisches Gewicht. Richtig ist nur, daß sich die beiden Bereiche heute so vielfältig durchdringen, daß sie faktisch und ideell nicht mehr voneinander getrennt werden können. Ihre Unterscheidung bleibt aber gerade im Hinblick auf die rechtliche Ordnung möglich und nötig, weil sie nach verschiedenen Prinzipien angelegt sind. Die Verschiedenheit dieser Prinzipien kommt auch im Grundgesetz als der gemeinsamen Grundlage unserer geltenden Rechtsordnung dadurch zum Ausdruck, daß es auf der einen Seite in seinem Grundrechtskatalog die Freiheit des Einzelnen im gesellschaftlichen Bereich gewährleistet und dadurch, verbunden mit der Eigentumsgarantie, Privatrecht ermöglicht und sichert[18], auf der anderen Seite aber den Staat als Institution und die Teilnahme- oder Kontrollrechte der Bürger an der Staatsgewalt ordnet, also Verfassungs- und Verwaltungsrecht setzt und fordert.

Sucht man nach einem Bild, das das Verhältnis von privatem und öffentlichem Recht innerhalb unserer Gesamtrechtsordnung zum Ausdruck bringt, so eignet sich dafür nach dem Gesagten nicht mehr die alte Vorstellung von den zwei geschlossenen, nur da und dort sich überschneidenden Kreisen, aber auch nicht Bullingers Vorschlag, die beiden Kreise zum Einheitssystem des Gemeinrechts zu verschmelzen. Am nächsten kommt der Wirklichkeit vielmehr das Bild einer Ellipse mit zwei Brennpunkten als Strahlungszentren, zwischen denen sich ein von beiden Zentren her beeinflußter Mittelbereich ergibt. Die Strahlungskraft des einen oder anderen Zentrums kann sich durch politische Entscheidung verändern, aber das System wäre zerstört, wenn einer der Pole seine selbständige Kraft ganz einbüßte. Wesent-

---

[17] *F. v. Hippel,* Zum Aufbau und Sinnwandel unseres Privatrechts (1957) S. 17.

[18] Näheres darüber in meiner Schrift über „Grundgesetz und Privatrechtsordnung" (Verh. d. 46. DJT 1966; Bd. II B). — Das Empfinden, in dieser Schrift das Privatrecht noch zu unkritisch als in sich geschlossene Einheit behandelt zu haben, gab mir den Anstoß zu der vorliegenden Studie.

lich ist im übrigen die Unabgeschlossenheit und Ergänzungsbedürftigkeit der von jedem der beiden Pole ausgehenden Regelungen[19].

Die mit diesem Bild einsichtig gemachte, freilich noch nicht gelöste Schwierigkeit für eine wissenschaftliche Systematik besteht offensichtlich darin, daß der von beiden Polen her beeinflußte Mittelbereich an Umfang und politischer Bedeutung stark zunimmt. Es ist der Bereich der „Arbeits- und Organisationswelt"[20], der vermöge des von Habermas untersuchten, „Strukturwandels der Öffentlichkeit" sich nach dem Zerfall der noch ganz dem staatsfreien Bereich zuzurechnenden Öffentlichkeit der alten bürgerlichen Gesellschaft neu als ein Handlungsfeld entwickelt hat, das voll weder der staatlichen noch der geschrumpften privaten Sphäre angehört[21]. Auf die Gefahr hin, einen vieldeutigen Begriff einseitig festzulegen, glaube ich, diesen Bereich als „öffentlichen" in dem Sinne bezeichnen zu sollen, daß in ihm zwar überwiegend von nichtstaatlichen Personen, Verbänden und Organisationen gehandelt wird, daß dieses Handeln aber, anders als in der privaten Sphäre, öffentlich, also politisch verantwortet werden muß und öffentlicher Kontrolle unterworfen werden kann[22]. Das erklärt die Gemenge-

---

[19] Ich wende mich damit auch gegen die Herablassung, mit der *Herbert Krüger*, Allgemeine Staatslehre (2. Aufl. 1966) S. 319 ff. das Privatrecht als die am Eigennutz, nicht am Gemeinwohl orientierte Ordnung charakterisiert und meint, das politische Gemeinwesen könne auch ohne Privatrecht bestehen.

[20] *J. Habermas*, Strukturwandel der Öffentlichkeit (5. Aufl. 1971) S. 184 (§ 17) übernimmt den Ausdruck von Schelsky.

[21] Der — im einzelnen verwickelte — Vorgang ist Gegenstand der sozialwissenschaftlichen Analyse von *Habermas*. Vgl. in unserem Zusammenhang besonders den Teil V S. 172 ff.

[22] Auf die Vieldeutigkeit der Begriffe „öffentlich" und „Öffentlichkeit" macht auch *Habermas* aaO. S. 13 ff. aufmerksam, ebenso mit umfassenden Nachweisen *Martens*, Öffentlich als Rechtsbegriff (1969) S. 17 ff. Zur Geschichte ihrer Verwendung als politische und Rechtsbegriffe vgl. außer Martens bes. *R. Smend*, Zum Problem des Öffentlichen und der Öffentlichkeit, Staatsrechtliche Abhandlungen (2. Aufl. 1968) S. 462 ff. Eine rechtliche Präzisierung der Begriffe unternimmt *Martens*, der dabei drei Bedeutungsschichten unterscheidet. Für die im Text vorgeschlagene Verwendung käme die dritte dieser Schichten in Betracht, in der „öffentlich" als „Bestandteil von Wertbegriffen", d. h. normativ verwendet wird (aaO. S. 169 ff., 173 ff.). In diesem Sinne gebraucht den Begriff auch *U. K. Preuss*, Zum staatsrechtlichen Begriff des Öffentlichen (1969), bes. S. 73 ff. — Daß sich heute der Begriff des Öffentlichen vom Staatlichen und vom Privaten unterscheiden lasse, betonen auch *Bullinger* aaO. (Anm. 13) S. 68 ff., 73, und *H. Krüger* aaO. (Anm. 19) S. 347 ff.

24

lage, in der hier öffentliches und Privatrecht als Ordnungsele-
mente verwendet werden. Dabei überwiegen bei weitem die
Rechtsinstitute des Privatrechts, aber sie erfahren einen Funktionswandel, dem wir im folgenden noch genauer nachgehen
müssen.

In der Rechtslehre wird von verschiedenen Seiten vorgeschlagen, für die Ordnung dieses Bereiches den einst von Otto v.
Gierke für das Verbandsrecht gebrauchten Begriff des „Sozialrechts" zu verwenden[23]. Indessen ist davon für das Verständnis
seiner Eigenart schon angesichts der Unschärfe, die dem Begriff
des Sozialen im heutigen Sprachgebrauch anhaftet, keine Hilfe
zu erwarten. Es ist auch nicht deutlich, welche Rechtsprinzipien
im Unterschied zu denen des öffentlichen oder Privatrechts ein
System des Sozialrechts konstituieren und von diesen alten
Rechtsgebieten abgrenzen sollen. Es besteht eher die Gefahr,
daß, indem die 3 Rechtsgebiete aneinander gereiht werden, das
eigentümliche Verhältnis der Spannung und zugleich funktionalen Ergänzung aus dem Blick kommt, in dem auf diesem Felde
Privatrecht und öffentliches Recht zueinander stehen.

III

Für die Zukunft des Privatrechts als eines lebenskräftigen
Teilsystems unserer Rechtsordnung wird es nach dem Gesagten
als Erstes darauf ankommen, ob die Vorstellungen von Freiheit,
Selbstbestimmung und Eigenverantwortung des Menschen, die
hinter seinen Rechtsinstituten stehen, ihre Überzeugungskraft
behalten werden, und ob eine an diesen Leitbildern orientierte
Gesellschaft bereit ist, dem Einzelnen einen, sei es auch
beschränkten Spielraum freien Erwerbs von und freier Verfügung über Vermögensgüter zuzubilligen. Wo diese Leitbilder
durch andere verdrängt sind, die die Person dem Kollektiv
opfern, wird es zwar immer noch einer Ordnung für jene elementaren Lebensbedürfnisse und zwischenmenschlichen Beziehungen bedürfen, die auch eine gigantische Bürokratie nicht
durch Zuteilungen zu befriedigen vermag, aber es ist nur noch
eine geduldete Ordnung im Winkel; die Strahlungskraft eines
der beiden Pole des Gesamtrechtssystems ist erloschen. Es wäre

---

[23] So z. B. *Siebert* aaO. (Anm. 12) S. 246; *Wieacker,* Privatrechtsgeschichte
aaO. (Anm. 3) S. 543 ff.; auch *H. Krüger* aaO. (Anm. 19) S. 503 f.

ein unzulässiges Pauschalurteil zu behaupten, den Zivilrechten der Ostblockstaaten sei nicht mehr als eine solche Winkel-existenz verblieben. Die in der Sowjetunion 1961 als Gesetz beschlossenen „Grundlagen der Zivilgesetzgebung" und die nachfolgenden Zivilgesetzbücher der einzelnen Unionsrepubli-ken wie die entsprechenden Kodifikationen der übrigen, unter sowjetischem Einfluß stehenden „Volksdemokratien" zeigen mindestens den Willen zu einer gewissen Verselbständigung eines privaten Lebens- und Vermögensbereichs, und der dort geführte Streit darum, ob das Wirtschaftsrecht dem Zivilrecht zugerechnet oder als selbständiges Teilsystem behandelt werden soll, hat — mit allem Vorbehalt gegen eine vorschnelle Gleich-setzung der dortigen mit unseren Systembegriffen — doch wohl auch einen (zaghaft sich andeutenden) ideologischen Hinter-grund[24]. Aber auch soweit privatrechtliche Formen und Institute anerkannt werden, verfallen sie weithin dem Schicksal, nach Art unseres „Verwaltungsprivatrechts" rein instrumental verwendet zu werden[25]. Von einem auch nur annähernden Gleichgewicht der beiden Pole kann also keine Rede sein.

Für die Bundesrepublik sind jene Leitbilder im Grundrechts-katalog mit Verfassungsrang bestätigt; für sie einzustehen heißt also auch das Fundament unseres politischen Gemeinwesens ver-teidigen. Aber gerade dieser Bezug auf die Verfassung muß sie vor einer einseitigen Ausdeutung bewahren; sie stehen unter dem Vorbehalt der demokratischen Teilhabe aller Volksschichten und der Wahrung sozialer Gerechtigkeit. Es ist offenbar, daß damit Zielkonflikte auftreten können, die fallweise der poli-tischen Entscheidung bedürfen.

Da der Bereich der Wirtschaft in unserer Industriegesell-schaft ein Hauptfeld solcher Zielkonflikte bildet, ist damit zu-gleich gesagt, daß die der neo-liberalen Konzeption ent-sprechende Gleichsetzung von Wirtschaftsordnung und Privat-rechtsordnung und die Aussonderung einer Wirtschaftsgesell-

---

[24] Vgl. dazu die eingehende, an der Auseinandersetzung über die Ein-ordnung des Wirtschaftsvertrags in den sozialistischen Staaten entwickelte Darstellung von *D. A. Loeber,* Der hoheitlich gestaltete Vertrag (1969) S. 69, 166 ff., 274 ff.
[25] Der Untersuchung dieses Phänomens — auch für das deutsche Recht — ist das in Anm. 24 zitierte Buch von *Loeber* gewidmet. Er glaubt, auch für das deutsche Recht ein Vordringen einer rein instrumentalen Vertragsauf-fassung konstatieren zu können; vgl. S. 205 ff., 231 ff., 310 ff.

26

schaft als herrschaftsfreier, auf Gleichordnung aller Teilneh-
mer beruhender Privatrechtsgesellschaft, wenn sie jemals zu-
trafen, jedenfalls heute nicht mehr aufrechterhalten werden
können[26]. Zwar stellt das Privatrecht mit seinen zentralen
Rechtsinstituten des Eigentums und des frei abgeschlossenen
Vertrags und mit dem daraus entwickelten hoch differenzierten
Vermögens- und Handelsrecht eine wesentliche Voraussetzung
für das Funktionieren und die Erfolge des gegenwärtigen Wett-
bewerbs- und marktwirtschaftlichen Systems dar. Aber die
Erwartung des Ordo-Liberalismus, daß dieses System, einmal
eingeführt, sich unter staatlichem Schutz, aber auf der Basis des
Privatrechts als des Organisationsrechts der Wirtschaft selbst-
regulierend zu erhalten vermöge, hat sich nicht erfüllt. Art und
Ausmaß einer statt dessen erforderlichen staatlichen Regulierung
ist im Rahmen des Grundgesetzes Gegenstand politischer Entscheidung.

In unserem Zusammenhang folgt daraus, daß das Privatrecht zwar um jener Leitbilder willen nicht vom Bereich der
Wirtschaft ausgeschlossen werden, diesen Bereich aber auch nicht
als eine Art Vorbehaltsgebiet für sich allein beanspruchen kann.
Wohl aber kann und muß es zu seinem Teil dazu beitragen, die
einer rechtlichen Ordnung in diesem Bereich gestellten Aufgaben
zu erfüllen.

An diesem Beispiel wird deutlich, was als zweite Voraussetzung für den Fortbestand des Privatrechts zu gelten hat: Es
darf sich nicht aus ängstlicher Sorge vor einem Verlust seiner
Identität in seinen klassischen Denkformen abschließen, sondern
muß sich der Aufgabe stellen, allein oder im Zusammenwirken
mit dem öffentlichen Recht den Bereich zu ordnen und zu
gestalten, den wir oben als einen „öffentlichen" bezeichnet

---

[26] An diesem Punkt bedürfen die, vor allem von *Franz Böhm* in seinem
Lebenswerk (oben Anm. 9) mit eindrucksvoller Konsequenz verfochtenen
ideologischen Positionen des Ordo-Liberalismus der Korrektur durch die
geschichtliche Wirklichkeit und die heutige Verfassungslage. Die Industriegesellschaft im Wohlfahrtsstaat ist keine „Privatrechtsgesellschaft" mehr, und
das marktwirtschaftliche System ist weder allein mit Mitteln des Privatrechts aufrechtzuerhalten noch Voraussetzung für den Fortbestand des
Privatrechts, so wichtig die Wechselwirkungen zwischen beiden Systemen
sind. Vgl. dazu die eingehende Auseinandersetzung mit Böhm durch
H. F. Zacher, Aufgaben einer Theorie der Wirtschaftsverfassung, Festschr.
f. Böhm (1965) S. 63 ff., 107 f., und *U. Runge*, Antinomien des Freiheits-
begriffs im Rechtsbild des Ordo-Liberalismus (1971) S. 113 ff., 145 ff.

haben. Das kann nur gelingen, wenn es der Vielzahl der Lebensbereiche und Bedürfnisse einer Industriegesellschaft dadurch
Rechnung trägt, daß es gerade seine tragenden Rechtsinstitute
nicht auf eine einzige gesellschaftliche Funktion festlegt, sondern
eine Mehrheit und Veränderlichkeit der Funktionen ins Auge
faßt. Gemeint ist damit nicht eine wertfreie Handlichkeit, die
auch jeden Mißbrauch ermöglichen würde, was namentlich im
Vertragsrecht für machtüberlegene Vertragspartner unter dem
Deckmantel einer als Beliebigkeit mißverstandenen Vertragsfreiheit eine starke Versuchung darstellt. Vielmehr gilt es, die
Unterschiedlichkeit der für ein Rechtsinstitut bestimmenden
Wertmaßstäbe je nach dem Funktionsbereich herauszuarbeiten,
in dem es jeweils eingesetzt wird. Die Abkehr von der formalen
Allgemeingültigkeit zivilrechtlicher Normen, die der Stolz der
Gesetzgeber der großen Kodifikationen des 19. Jahrh. war, muß
dafür bewußt in Kauf genommen werden.

Eine Veränderlichkeit von Funktionen eines Rechtsinstituts ist
der Privatrechtswissenschaft schon seit langem unter dem
Gesichtspunkt des Funktionswandels, also einer im Ablauf der
Geschichte eintretenden Änderung vertraut. Vor allem Eigentum und Vertrag sind mehrfach Gegenstand solcher Unter-
suchungen geworden[27]. Ohne ihre Bedeutung in Zweifel ziehen
zu wollen, gilt es hier einen etwas anderen Aspekt des gleichen
Phänomens in den Blick zu bekommen. Uns interessiert nicht der
Wandel in der Zeit, sondern der gleichzeitige Gebrauch dessel-
ben Rechtsinstituts in verschiedenen Funktionen je nachdem, in
welchem gesellschaftlichen Lebensbereich es verwendet wird.
Meine These geht dahin, daß der Grad der Privatheit oder
Öffentlichkeit eines solchen Lebensbereichs auch zu rechtlich
relevanten Unterschieden in der Funktion und der Handhabung privatrechtlicher Rechtsinstitute führen muß, die es
deutlicher als bisher zu erkennen gilt. Es wird also darauf
ankommen, ob die in einem Bereich bestehenden Rechtsverhältnisse und Rechtsinstitute nur oder wenigstens ganz überwiegend die Beteiligten selbst berühren, so daß sich die Rechtsordnung damit begnügen kann, die Freiheits- und Machtsphären

---

[27] Die Darstellung, die *Friedmann* aaO. (Anm. 1) S. 75 ff. und 99 ff. vom
Funktionswandel der beiden Rechtsinstitute gibt, ist überwiegend auch für
das deutsche Recht zutreffend, wo eine zusammenfassende Darstellung
gleichen Rangs fehlt.

gegeneinander abzugrenzen und für Interessenkonflikte Lösungen bereitzustellen. Das war die klassische Aufgabe des Privatrechts im Verständnis Savignys und der Pandektistik, die darum auch meinte, mit einem formalen Ordnungssystem ohne eigene Wertung auskommen zu können. Aber dieses Verständnis von Privatrecht ist nicht mehr zureichend. Immer wichtiger werden nach dem Gesagten die Lebensbereiche, deren Bedeutung die private Sphäre übersteigt, die die Öffentlichkeit tangieren und die darum auch einer rechtlichen Ordnung bedürfen, die diesem Faktor Rechnung trägt. Dieser Gesichtspunkt war schon dem BGB nicht ganz fremd; der Gesetzgeber berücksichtigte ihn etwa durch Typenzwang im Sachenrecht oder im Gesellschaftsrecht, ohne daß dafür hoheitliche Eingriffsmöglichkeiten des Staates eingesetzt zu werden brauchen, oder durch staatliche Genehmigungsvorbehalte für private Rechtsgeschäfte, wie z. B. seit 1918 in wechselndem Umfang im Grundstücksverkehr oder im Vormundschaftsrecht. Die „Öffentlichkeit" kann aber auch so viel Gewicht erlangen, daß, wie im Recht der wettbewerbsbeschränkenden Verträge, neben dem privatrechtlichen auch das verwaltungs- und strafrechtliche Instrumentarium zur Sicherung der vom Recht erstrebten Ordnung eingesetzt werden muß.

Das Kriterium der Öffentlichkeit ist also gewiß nicht neu; ich sehe auch wohl, daß es sich nicht für präzise, griffige Abgrenzungen eignet. Indessen entsprechen die fließenden Übergänge dem Zustand unserer Gesellschaft, und eine Theorie, die dieser Wirklichkeit Rechnung tragen will, sollte die Übergänge und Zwischenformen nicht leugnen, aber versuchen, an typischen Situationen Grade der Öffentlichkeit und ihre Folgen für die rechtliche Ordnung herauszuarbeiten[28].

Ehe ich diesen Versuch an einigen Beispielen unternehme, muß ich einem möglichen Mißverständnis meines Systemansatzes begegnen. Die Lebensbereiche, die ich hinsichtlich der Anwendung der Rechtsinstitute des Privatrechts nach dem Grad der Öffentlichkeit zu unterscheiden vorschlage, sind nicht soziale Schichten, Klassen oder Berufskreise. Zwar hat auch eine Gliede-

---

[28] Bei der Umarbeitung des Vortrags für die Publikation stieß ich auf einen gleichen Gedankengang bei *U. Huber*, Das Öffentliche und das Private in der neueren Entwicklung des Privatrechts, Studium Generale 23 (1970) S. 769 ff. Auch er schlägt eine Trennung nach Bereichen innerhalb des Privatrechts vor, schreckt aber dann doch vor den Konsequenzen einer solchen Differenzierung zurück.

rung nach Tätigkeitsformen und Berufsgruppen, also etwa in Agrarrecht, Handwerksrecht, Recht der freien Berufe, Handelsrecht und Industrierecht seine Berechtigung, aber doch mehr unter dem Gesichtspunkt des öffentlichen Gewerberechts als Teil des Verwaltungsrechts als unter dem des Privatrechts. Gemeint sind vielmehr die vielfältigen, ineinander und übereinander geschichteten Bereiche gesellschaftlichen Lebens, in denen wir alle uns als Glieder dieser Gesellschaft gleichzeitig, wennschon mit unterschiedlichen Schwerpunkten und Aufgaben bewegen. Die soziologische Rollentheorie klärt das Gemeinte gerade für das Privatrecht am besten[29]. Ordnet mich das öffentliche Polizei-, Gewerbe-, Arbeits- oder Beamtenrecht nach meiner beruflichen Tätigkeit ein, so begegne ich den Privatrechtsnormen als Produzent oder Verbraucher, als Familienvater, als Eigenheimer, als Mitglied meines Sportvereins und Berufsverbands, als Verkehrsteilnehmer mit je besonderen, diesen verschiedenen Situationen angemessenen Rechten und Pflichten. Die dabei verwendbaren Rechtsinstitute des Privatrechts, wie Vertrag, Eigentum und Besitz, Mitgliedschaft, deliktische Haftung mögen die gleichen sein, dennoch ändert sich ihre Funktion und ihre rechtliche Bewertung je nach der typischen Situation und dem Öffentlichkeitsgehalt des betreffenden Bereichs.

IV

Mein Vorschlag geht also dahin, das Privatrecht nach Funktionsbereichen zu gliedern, die typischen Lebensbereichen unserer Gesellschaft entsprechen, und als Kriterium der Unterscheidung den Grad der Privatheit oder Öffentlichkeit dieser Bereiche zu verwenden. Je stärker der Öffentlichkeitsgehalt in den Vordergrund tritt, desto stärker werden sich bei der Handhabung der Normen und Rechtsinstitute des Privatrechts neben oder anstelle der „klassischen", auf die Einzelperson und ihren Handlungs- und Gestaltungswillen bezogenen Rechtsprinzipien die schon eingangs genannten neueren, vom Gedanken der sozialen Verantwortlichkeit bestimmten Grundsätze zur Gel-

---

[29] Grundlegend noch immer *R. Dahrendorf*, Homo sociologicus (4. Aufl. 1964). Zur Einführung des Rollenbegriffs in die Rechtstheorie vgl *M. Rehbinder*, Wandlungen der Rechtsstruktur im Sozialstaat, in Studien u. Materialien zur Rechtssoziologie (Sonderheft 11 d. Kölner Zeitschr. f. Soziologie 1967) S. 197 ff.

tung bringen. Wo auch diese Grundsätze nicht ausreichen, um die gesellschafts- und wirtschaftspolitisch erwünschte Ordnung herzustellen, muß das öffentliche Recht teils ergänzend und stützend, teils beschränkend und korrigierend eingreifen.

Um das Gemeinte zu verdeutlichen, soll im Folgenden versucht werden, einige der hiernach zu unterscheidenden Funktionsbereiche mit ihren besonderen Merkmalen zu umschreiben. Dabei kann es sich nur um Beispiele ohne Anspruch auf Vollständigkeit handeln; auch hinsichtlich der rechtlichen Folgen müssen Andeutungen genügen.

1. Als ersten Bereich nenne ich den der privaten Lebenssphäre in dem bis heute gültigen, vom allgemeinen Rechtsbewußtsein anerkannten Sinne dieses Begriffs. Soweit die zwischenmenschlichen Beziehungen in diesem Bereich der rechtlichen Ordnung bedürfen, gilt für sie „klassisches" Privatrecht. Hier geht es um Bestätigung und rechtlichen Schutz der Person und ihrer Handlungsfähigkeit, um den Schutz der Vermögensgüter, die der Befriedigung ihrer Konsumbedürfnisse oder ihrer Berufsarbeit dienen sowie um die Anerkennung der in diesem privaten Rechtsverkehr begründeten, wirtschaftlichen und außerwirtschaftlichen Rechtsbeziehungen. Dafür sind die in einer langen Tradition ausgebildeten Rechtsinstitute des Privatrechts bis heute in ihrer herkömmlichen Funktion an ihrem richtigen Platz: die subjektiven Herrschaftsrechte, voran das private Eigentum mit Bestandsschutz und Verfügungsfreiheit, der ganze Fächer der auf Parteiautonomie beruhenden Individualverträge, der Person- und Güterschutz durch Abwehrrechte und durch Schadensausgleich im Deliktsrecht, das private Vereinsrecht und vieles mehr.

Da sich der Individualismus einer vergangenen Zeit, wenn ich es recht sehe, in der jüngeren Generation noch stärker auf dem Rückzug befindet und neuen personalen Gruppenbildungen Platz macht, kann sich auch der Stellenwert der einzelnen Rechtsinstitute, etwa des bis heute ideologisch stark überfrachteten Privateigentums, weiterhin ändern. Doch bedeuten diese Veränderungen der Lebensgewohnheiten und Anschauungen, auch wenn sie sich auf breiter Front durchsetzen sollten, schwerlich zugleich das Ende des privaten Lebensbereichs überhaupt, denn auch diese Gruppen befinden sich eher auf der Flucht *von* als *in* die Öffentlichkeit. Und jedenfalls hat der Gedanke des

Schutzes der sogen. Intimsphäre mit der bereits erwähnten Anerkennung eines allgemeinen Persönlichkeitsrechts gerade in den letzten beiden Jahrzehnten eine wesentliche Verstärkung erfahren. Ich bin darum von der fortdauernden Lebenskraft dieses Bereichs überzeugt.

Es liegt nahe, auch das Ehe- und Familienrecht diesem privaten Lebensbereich zuzuordnet. Indessen hat sich dieses Rechtsgebiet mit gutem Grund auch dem Privatrechtssystem des BGB nicht nahtlos einfügen lassen. Denn so weit die hier bestehenden zwischenmenschlichen Beziehungen überhaupt einer rechtlichen Regelung zugänglich und bedürftig sind, geht es um die Ordnung nicht von rein privaten Rechtsbeziehungen, sondern von Statusverhältnissen, die zugleich von erheblicher öffentlicher Relevanz sind. Für das Verhältnis von Eltern und Kindern ist das bis heute unstreitig, einerlei, welche Rolle man dem Staat im Verhältnis zum elterlichen Erziehungsrecht zubilligen will. Für das Eherecht bringt die gegenwärtige Diskussion über die Reform des Scheidungsrechts eine Meinungsverschiedenheit darüber an den Tag, ob die Ehe als privates Vertragsverhältnis oder, wie ich nach wie vor meine, als öffentliche Institution aufzufassen und rechtlich zu ordnen ist[30]. Indessen ist hier nicht der Ort, dem weiter nachzugehen.

2. Von der ersten Schicht des privaten Lebensbereiches hat sich nun in der modernen Industriegesellschaft eine andere Schicht zwar nicht völlig abgelöst, aber doch erkennbar dadurch abgehoben, daß in ihr die Individualbeziehungen und -interessen hinter typisierten Gruppeninteressen zurücktreten. Die Rechtsverhältnisse und Interessenkonflikte gewinnen hier wegen ihrer Typizität öffentliche Bedeutung und müssen darum auch rechtlich, wennschon unter Verwendung der alten Rechtsinstitute, doch nach anderen Maßstäben behandelt werden. Es ist der Bereich, in dem unter den Bedingungen der modernen Technik Güter produziert und verteilt, Verkehrs- und andere Dienstleistungen erbracht und, von der Verbraucherseite her gesehen, elementare oder verfeinerte Bedürfnisse des Wohnens, der Nahrung und Kleidung gedeckt werden. Der Öffentlichkeitsgehalt unterscheidet das Arbeitsverhältnis als die Existenzgrundlage

---

[30] Zum Diskussionsstand vgl. *J. Gernhuber*, Lehrbuch des Familienrechts (2. Aufl. 1971) S. 19 ff.; *W. Müller-Freienfels*, Ehe und Recht (1962) S. 58 ff.; andererseits *E. Wolf*, JZ 1967, 659, 749; 1968, 172; 1970, 441.

des größten Teils der Bevölkerung von den im BGB geregelten privaten Individual-Dienstverhältnissen und hat zur Ausbildung des modernen Arbeitsrechts geführt, das von der Schutzbedürftigkeit der typischerweise machtunterlegenen Arbeitnehmerseite ausgeht und auf den Ausgleich von Kollektivinteressen gerichtet ist. Ähnliches gilt von der Typisierung und Standardisierung der Vertragsbeziehungen, wo die Leistungen der Verkehrs- und Versorgungsunternehmen in Anspruch genommen oder auch sonst nicht Individualbedürfnisse, sondern die Normalbedürfnisse ganzer Verbrauchergruppen befriedigt werden sollen. Das klassische Vertragsrecht mußte sich dafür sowohl in Bezug auf das Zustandekommen solcher Rechtsbeziehungen wie auf ihre inhaltliche Gestaltung zum Schutz der Verbraucher erhebliche Umbildungen und Erweiterungen gefallen lassen, die das Prinzip der Parteiautonomie wesentlich einschränken. Zu denken ist ferner an die Umgestaltung, die das klassische Deliktsrecht auf dem Felde der durch die moderne Technik zu einer öffentlichen Massenkalamität gewordenen Unfallschäden erfahren hat. Der Fahrlässigkeitsbegriff wird objektiviert, die Risikoverteilung weithin durch Gefährdungshaftung geregelt, die Schadensberechnung pauschaliert und typisiert, und die Tragung des Schadens letzten Endes nicht nur dem Geschädigten, sondern auch dem Schädiger durch Haftpflicht- oder Sozialversicherung mit ihren internen Ausgleichungsregeln abgenommen. Dieses moderne Haftungsrecht ist kein Ordnungssystem aus einem Guß, sondern mehr ein Flickenteppich aus teilweise sich überschneidenden Regelungsfragmenten, der aber seine Entstehung offensichtlich dem Umstand verdankt, daß hier nicht Individualkonflikte zu lösen, sondern typische öffentlich gewordene Gruppenbedürfnisse zu befriedigen sind [31]. Schließlich ist an die Entwicklung des städtischen Mietswohnungs- und Bodenrechts zu erinnern. Der im letzten Jahrzehnt unternommene Versuch, das schon seit dem 1. Weltkrieg in wechselnden Formen und Ausmaßen entwickelte soziale Mietrecht mit seinen Mieterschutzbestimmungen wieder in Individual-Vertragsrecht zurückzuverwandeln, wird sich kaum durchhalten lassen; das öffentliche Interesse an der Deckung des Wohnungsbedarfs bei wachsenden Wohnan-

---

[31] Der Problemkreis ist in seiner Komplexität sozialwissenschaftlich und juristisch umfassend untersucht von *H. L. Weyers, Unfallschäden (1971)*.

sprüchen der Bevölkerung und stets knappem Wohnraum ist
dafür zu stark. Dagegen hat sich in der Ordnung des städtischen
Bodenrechts das öffentliche und Gruppeninteresse bisher gegenüber dem ideologisch gestützten Besitzindividualismus erst
schwach zur Geltung zu bringen vermocht. Doch kann angesichts
der starken Verstädterungstendenz der Industriegesellschaft
und der dadurch sich zunehmend verschärfenden Misere der
städtebaulichen Probleme in allen Ballungsgebieten kaum ein
Zweifel daran bestehen, daß das Privateigentum an städtischem
Bauboden schon in naher Zukunft nur unter erheblichen
Beschränkungen durch eine staatliche oder kommunale Pla-
nungshoheit aufrechterhalten werden kann[32].

Ein Rückblick auf die für diesen zweiten Bereich angeführten
Beispiele zeigt, daß es sich hier überwiegend als möglich erwie-
sen hat, dem gesteigerten Öffentlichkeitsgehalt der zu regelnden
Lebensverhältnisse dadurch gerecht zu werden, daß die zentralen Rechtsinstitute des Privatrechts teils mit, teils aber auch ohne
die Hilfe des Gesetzgebers unter dem Leitprinzip der sozialen
Verantwortung umgebildet worden sind[33]. Die damit erwiesene
Elastizität und Wandlungsfähigkeit ist ein wesentlicher Garant
dafür, daß das Privatrecht seinen Platz im Gefüge unserer
Rechtsordnung auch dann behaupten wird, wenn der erste, rein
private Lebensbereich noch weiter schrumpfen sollte.

3. Ein dritter Lebensbereich ist der des Wirtschaftsverkehrs
im engeren Sinne, also der zwischen Unternehmen sich
abspielenden Liefer-, Kredit- und vielerlei sonstigen Geschäfte.
Er ist privat in dem Sinne, daß die marktwirtschaftliche Ordnung den Wirtschaftssubjekten für die Regel die Freiheit der
geschäftlichen Dispositionen und des Aushandelns von Verträgen überläßt. Aber die marktwirtschaftliche Wettbewerbsord-
nung selbst ist eine öffentliche Institution, die gegen Entartungs-
und Vermachtungserscheinungen aller Art abgesichert werden

---

[32] Aus der neuerdings rasch anschwellenden Literatur zu diesem Thema sei
hier — außer meinem Aufsatz über Verfassungsrechtliche Eigentumsgarantie
und Städtebau, Z ev. Ethik 1971, 83 ff. — vor allem verwiesen auf *C. Ott*,
Eigentum und Städtebau, in Schriften d. Evangel. Akademie in Hessen
u. Nassau, Heft 91 (1971) S. 26 ff.
[33] Nicht zufällig gehören die von *Wieacker*, Das Bürgerliche Recht im
Wandel der Gesellschaftsordnungen aaO. (Anm. 3) S. 8 f. angeführten vier
Tendenzen des modernen Privatrechts diesem Funktionsbereich an: Sozial-
staatlichkeit, Daseinsvorsorge, Typizität, Arbeitsteilung.

muß[34]. Der Aufgabe, wirtschaftliche Macht auf nicht voll funktionsfähigen Märkten zu bändigen, hat sich das Privatrecht im Zeichen einer nur formal verstandenen Vertragsfreiheit allein nicht gewachsen gezeigt. Auch Verstöße gegen die Lauterkeit des Wettbewerbs sind lange nur als Fälle eines individuellen Konflikts zwischen den beteiligten Unternehmen, nicht als Mißbrauch der Institution angesehen worden. Erst in den letzten Jahrzehnten ist darin ein Wandel eingetreten. Heute werden auf der Grundlage des GWB privatrechtliche und öffentlichrechtliche Sicherungsmittel kombiniert eingesetzt. Auch die zunehmende Tendenz des Staates, auf den Wirtschaftsablauf planend und steuernd Einfluß zu nehmen, verwirklicht sich in einem kombinierten Einsatz privatrechtlicher und öffentlichrechtlicher Mittel; neben Staatskrediten, Kreditbürgschaften, Stützungskäufen, Beschaffungsaktionen und Subventionen steht das hoheitsrechtliche Instrumentarium des Stabilitätsgesetzes und anderer Spezialgesetze. Aber selbst in diesen Fällen sollte vom Blickpunkt des Juristen wie von dem des Ökonomen nicht von einem systemwidrigen „Eingriff" des Staates in den an sich freien Wirtschaftsverkehr der „Privatrechtsgesellschaft" gesprochen werden. Das privatrechtliche Teilsystem kann keinen Ausschließlichkeitsanspruch erheben, und es ist in geschichtlich wechselnden Situationen Sache politischer Beurteilung und Entscheidung, ob und wo es genügt, den Wirtschaftsablauf sich selbst und seinen privatrechtlichen Rechtsinstituten zu überlassen, oder wo dieser Ablauf einer Steuerung mit anderen Mitteln bedarf. Beide Möglichkeiten liegen im Rahmen unserer Wirtschaftsverfassung; sie schließen sich nicht aus, sondern ergänzen sich und sind durch mancherlei Übergänge miteinander verbunden. Wirtschaftsrecht ist vermöge seiner öffentlichen Bedeutung und Wirkung — darin ist Wiethölter zuzustimmen[35] — auch in seinen privatrechtlichen Bestandteilen in

---

[34] Es sei mir erlaubt, ohne weitere Nachweise auf meinen Aufsatz über Rechtsschutz und Institutionenschutz im Privatrecht in Summum ius summa iniuria (Tübinger Ringvorlesung 1963) S. 145 ff., 165 f. zu verweisen.
[35] *Wiethölter* aaO. (Anm. 10) S. 61; Rechtswissenschaft (Funkkolleg) 1968 S. 246 ff., 249, und noch schärfer pronociert: Zur politischen Funktion des Rechts am eingerichteten und ausgeübten Gewerbebetrieb, Krit. Justiz 1970, 121 ff. — Der Begriff enthält auch nach meiner Überzeugung keinen Widerspruch in sich, wohl aber eine dialektische Spannung und damit eine Gefahr, die auch Wiethölter bei der zunehmenden Heftigkeit seiner Angriffe gegen

hohem Grade „politisches", nämlich in seinem Ordnungs- und Gerechtigkeitsgehalt von unserem ganzen politischen Gemeinwesen zu verantwortendes Recht.

4. Als ein Funktionsbereich eigener Art von hohem Öffentlichkeitsgehalt ist schließlich auch das Recht der für unsere Industriegesellschaft charakteristischen Großorganisationen anzusehen, also der wirtschaftlichen Unternehmen und der das Arbeits- und Wirtschaftsleben, aber auch den kulturellen Bereich und die politische Meinungs- und Willensbildung weithin beherrschenden Verbände. Sie haben sich in einer von der liberalen Ideologie nicht vorhergesehenen Entwicklung als „intermediäre Machtzentren" zwischen Individuum und Staat geschoben mit der Folge, daß der einzelne Bürger zur Wahrnehmung seiner Interessen und zur Verfolgung seiner Ziele auf sie ebenso angewiesen ist wie der Staat ihrer Kooperation bedarf, daß dadurch aber auch beide in bedenklichem Maße von ihnen abhängig zu werden drohen. Rechtlich sind sie ganz überwiegend nach privatem Verbands- und Gesellschaftsrecht organisiert, auch in den Fällen, in denen sie nach ihrer erklärten Zweckbestimmung öffentliche Aufgaben wahrnehmen oder vermöge ihrer Größe und ihres Einflusses in den Bereich des Öffentlichen hineingewachsen sind.

Von einer befriedigenden Ordnung dieses Bereichs, oder auch nur von einer klaren Konzeption davon, wie er im Rahmen unserer Verfassung am besten geordnet werden sollte, sind wir noch weit entfernt. Am ehesten hat sich vom Boden des Privatrechts aus das Recht der großen Unternehmenskorporationen, also das moderne Aktienrecht der Aufgabe gestellt, bei Wahrung der Unternehmerinitiative dem öffentlichen Charakter solcher Unternehmen durch einen sich immer mehr verstärkenden Panzer zwingender Normen zur Einschränkung der Satzungsautonomie, durch Bilanzierungs- und Publizitätsvorschriften, durch das Betriebsverfassungs- und Mitbestimmungsrecht und neuerdings durch die Vorschriften über verbundene Unternehmen Rechnung zu tragen. Zugleich sind diese Unternehmen als Wirtschaftssubjekte der wirtschaftsrechtlichen Kontrolle hinsichtlich ihres Machtgebrauchs unterworfen, so weit diese

eine vermeintlich unpolitische Rechtswissenschaft und Rechtspraxis nicht übersehen sollte: wer allen Nachdruck auf das Beiwort „politisch" legt, endet allzuleicht dabei, das Recht zur Magd zu erniedrigen. Wir haben es erlebt!

Kontrollmöglichkeiten eben reichen. Dagegen ist für die rechtliche Ordnung der großen Verbände als intermediärer Machtzentren noch wenig geschehen. Das weithin dispositive Vereinsrecht des BGB, das ihre Grundlage bildet, kann zur internen
Verteilung der Gewichte zwischen den Vereinsorganen und zum
Schutz der Mitgliederrechte, z. B. gegenüber Straf- und Aus-
schlußregeln in der Satzung, nicht sehr viel, zur Kontrolle der
nach außen gerichteten Verbandsmacht gar nichts beitragen.
Auch die verwaltungsrechtlichen Bestimmungen des Vereins-
gesetzes sind dazu nicht geeignet. Eine Ergänzung des privaten
Vereinsrechts durch zwingende, der Durchsichtigkeit aller Vor-
gänge dienende Bestimmungen, wie sie für die politischen Par-
teien durch das Parteiengesetz eingeleitet wurde, wird darum
auch für andere Großverbände unabweisbar werden.

V

Eine rechtswissenschaftliche Studie, die Systemfragen zum
Gegenstand hat, ist dem Vorwurf ausgesetzt, für die Rechtsanwendung, aber auch für die Rechtspolitik nichts auszutragen.
Ich begnüge mich demgegenüber, ohne in die methodologische
Auseinandersetzung einzutreten, mit dem Hinweis, daß auch
die Praxis der Orientierung am Sinnzusammenhang bedarf, der
über die Konfliktsentscheidung im Einzelfall hinausweist. Mein
Vorschlag, Funktionsbereiche des Privatrechts nach dem Kriterium des Öffentlichkeitsgehalts der zu ordnenden Lebensbereiche
zu unterscheiden und die Rechtsprinzipien und Funktionsweisen
der Rechtsinstitute danach zu ordnen, ist gewiß nicht revolu-
tionär, sondern zeichnet eher nach, was die Praxis ohnedies tut,
aber er kann sie stützen, indem er besser bewußt macht, was
sie tut.

Mein Hauptziel war indessen anderer Art. Es geht mir
darum, die Lebenskraft des Privatrechts als eines kostbaren
Stücks unserer Gesamtrechtsordnung auch in die Zukunft hinein
zu erhalten. Diese Lebenskraft ist in doppelter Hinsicht bedroht.
Die eine Gefahr besteht darin, daß das Privatrecht allzu unbefangen mit einem bestimmten Gesellschafts- und Wirtschaftssystem identifiziert wird, dem es unzweifelhaft starke Impulse
verdankt, das aber das Privatrecht als Bollwerk gegen Staats-
eingriffe in seinen autonomen Bereich verstand. Da diese bürger-

liche Gesellschaft mit ihrem liberalen Anspruch auf Wirtschafts-
freiheit durch die moderne Industriegesellschaft abgelöst worden
ist, kann die Identifikation mit ihr auch dem Privatrecht zum
Verhängnis werden. Es gilt also, seine Prinzipien und Rechtsinstitute von dieser Umklammerung zu lösen und Klarheit darüber zu schaffen, welche Rolle ihnen heute und weiterhin unter
veränderten gesellschaftlichen und wirtschaftlichen Bedingungen zukommt.

Die zweite Gefahr ergibt sich aus der ersten. Das Privatrecht
der liberalen Epoche war, entsprechend dem Selbstverständnis
der bürgerlichen Gesellschaft, als unpolitisches Recht verstanden,
gelehrt und gehandhabt worden. Der Stil der Kodifikation hat
diesem Verständnis zusätzlich Vorschub geleistet. Das war schon
damals eine Selbsttäuschung, denn unzweifelhaft diente das
bürgerliche Recht der Bestätigung und Stabilisierung der bürgerlichen Gesellschaft. In dem Maße aber, in dem diese Gesellschaft
und ihr wirtschaftliches Fundament sich veränderten, konnten
die unpolitisch oder geschichtslos rechtstechnisch verstandenen
Rechtsinstitute des Privatrechts auch rein instrumental zu ganz
anderen als den ursprünglichen Zwecken ge- und mißbraucht
werden. Das Wirtschaftsrecht in der Hand von Großunter-
nehmen, aber auch das „Verwaltungsprivatrecht" in der Hand
des Staates liefern Beispiele dafür. Demgegenüber kommt es
darauf an, den Wertgehalt der Privatrechtsnormen, ihre Funktion im jeweiligen Gesellschafts- und Wirtschaftssystem und das
unterschiedliche Maß öffentlich-politischer Verantwortung, das
mit ihrer Verwendung in verschiedenen Lebensbereichen verbunden ist, herauszuarbeiten. In dem Grade, in dem es gelingt,
diese Einsichten allgemein bewußt zu machen, wird sich das
Privatrecht als ein offenes, bewegliches System von Rechtsprinzipien und Rechtsinstituten, die nicht mit geschichtlich wechselnden Gesellschaftsformen, aber mit der Humanität des Menschen
verbunden sind, auch in die Zukunft hinein behaupten und
fortentwickeln.